școală
sekolah

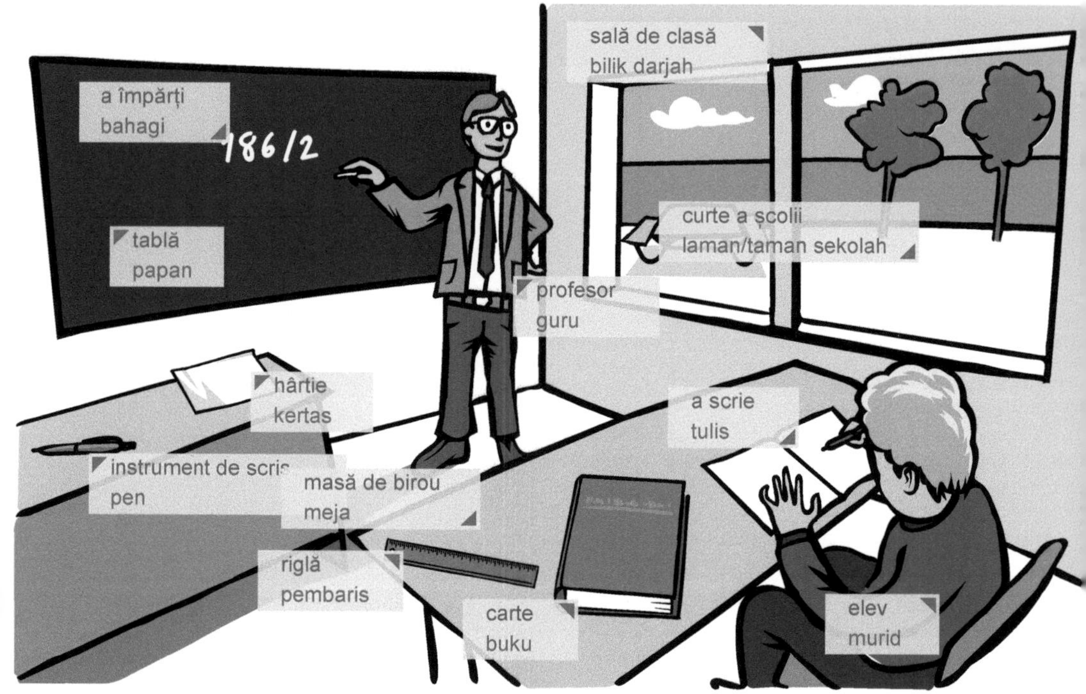

sală de clasă
bilik darjah
a împărți
bahagi
186/2
tablă
papan
curte a școlii
laman/taman sekolah
profesor
guru
hârtie
kertas
a scrie
tulis
instrument de scris
pen
masă de birou
meja
riglă
pembaris
carte
buku
elev
murid

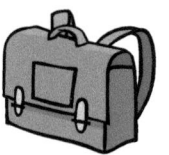

ghiozdan

beg galas

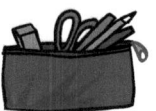

penar

kotak pensel

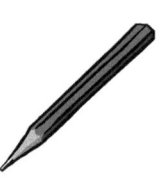

creion

pensel

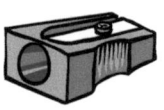

ascuțitoare

pengasah pensel

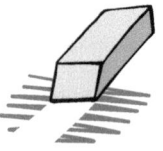

radieră

pemadam

bloc de desen

kertas lukisan

desen
melukis

pensulă
berus lukis

cutie de acuarele
kotak warna

foarfece
gunting

lipici
gam

caiet de exerciții
buku latihan

temă
kerja rumah

12

număr
nombor

2+2

a aduna
tambah

5-2

a scădea
tolak

2×2

a multiplica
darab

a calcula
kira

A

literă
huruf

ABCDEFG
HIJKLMN
OPQRSTU
VWXYZ

alfabet
abjad

hello

cuvânt
kata

text
teks

a citi
baca

cretă
kapur

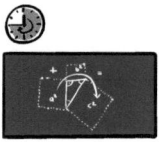

oră
pelajaran

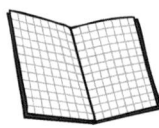

catalog
daftar

examen
peperiksaan

certificat
sijil

uniformă școlară
uniform sekolah

educație
pendidikan

enciclopedie
ensiklopedia

universitate
universiti

microscop
mikroskop

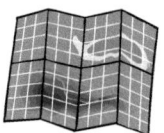

hartă
peta

coș de gunoi
bakul sampah

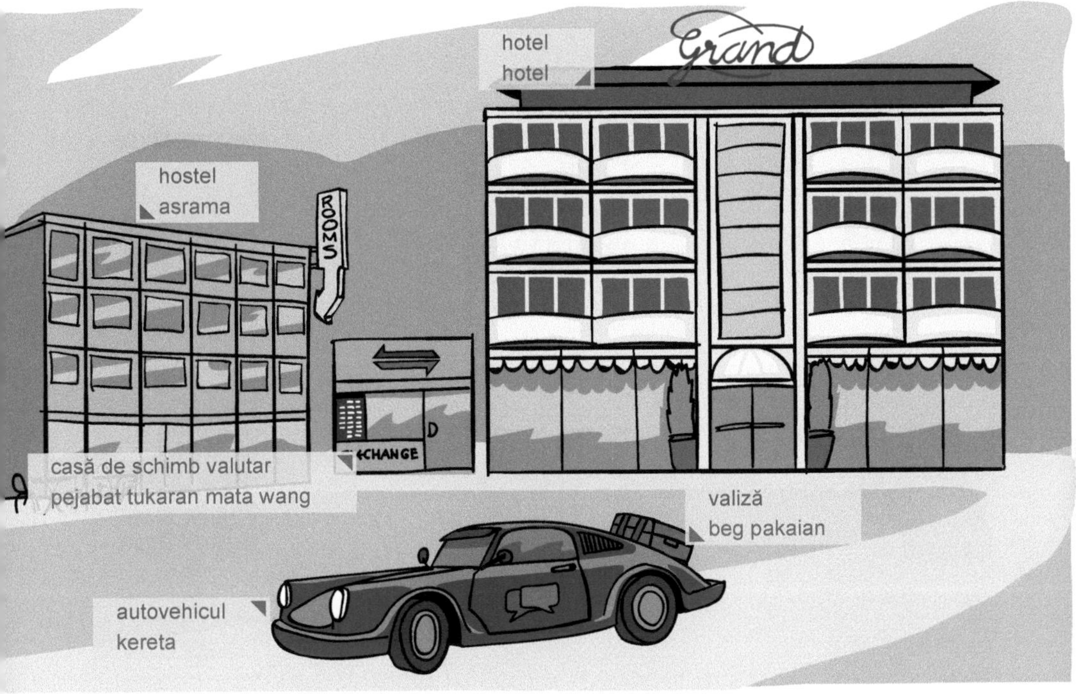

hotel
hotel
Grand
hostel
asrama
ROOMS
CHANGE
casă de schimb valutar
pejabat tukaran mata wang
valiză
beg pakaian
autovehicul
kereta

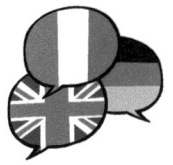

limbă

bahasa

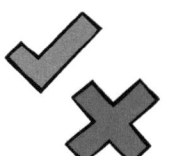

da/nu

ya / tidak

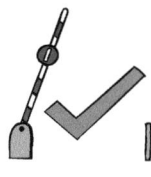

okay

okey

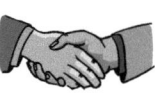

Bună!

helo

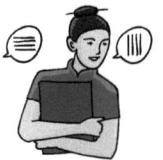

interpret

penterjemah

mulțumesc

Terima kasih

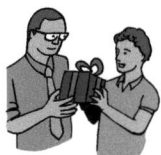

Cât costă...?

berapa banyak...?

Nu înțeleg

saya tidak faham

problemă

masalah

Bună seara!

Selamat petang!

Bună dimineața!

Selamat Pagi!

Noapte bună!

Selamat Malam!

la revedere

selamat tinggal

direcție

arah

bagaj

bagasi

geantă

beg

rucsac

beg galas

oaspete

tetamu

cameră

bilik tidur

sac de dormit

beg tidur

cort

khemah

călătorie - berjalan

punct de informare turistică

maklumat pelancong

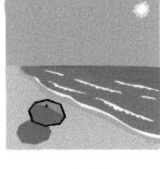

plajă

pantai

carte de credit

kad kredit

mic dejun

sarapan

masa de prânz

makan tengah hari

cină

makan malam

bilet de călătorie

tiket

lift

lif

timbru poștal

setem

graniță

sempadan

vamă

kastam

ambasadă

kedutaan

viză

visa

pașaport

pasport

transport
pengangkutan

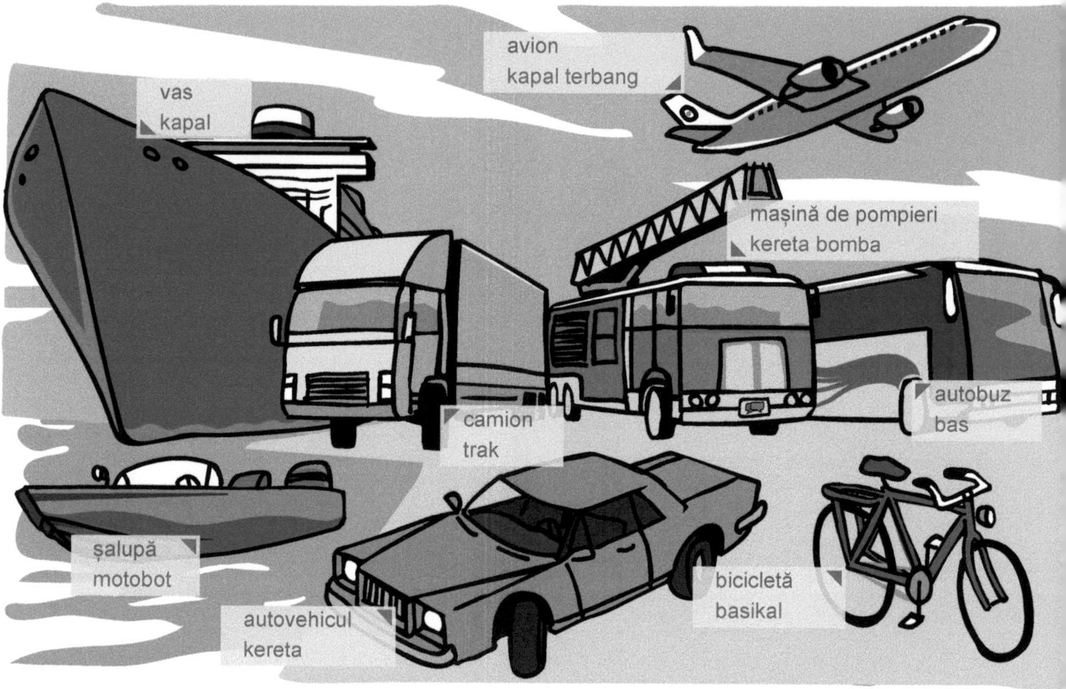

avion
kapal terbang
vas
kapal
mașină de pompieri
kereta bomba
autobuz
bas
camion
trak
șalupă
motobot
bicicletă
basikal
autovehicul
kereta

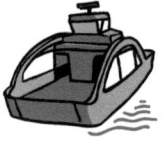

feribot

feri

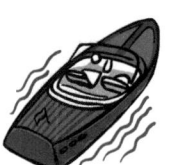

barcă

bot

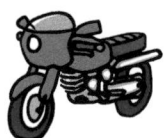

motocicletă

motosikal

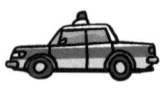

mașină de poliție

kereta polis

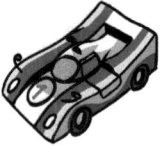

mașină de curse

kereta lumba

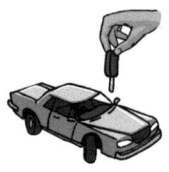

mașină închiriată

kereta sewa

car sharing

berkongsi kereta

mașină de tractat

trak tunda

mașină de gunoi

trak menolak

motor

motor

combustibil

bahan api

benzinărie

stesen minyak

semn de circulație

tanda trafik

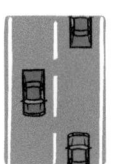

trafic

trafik

ambuteiaj

kesesakan lalu lintas

parcare

tempat parkir

gară

stesen kereta api

șine

trek

tren

kereta api

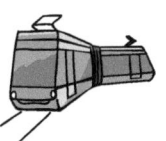

tramvai

trem

vagon

gerabak

elicopter

helikopter

aeroport

lapangan terbang

turn

Menara

pasager

penumpang

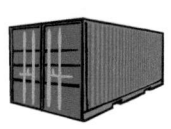

container

bekas

carton

kadbod

căruță

kart

coș

bakul

a decola/a ateriza

berlepas / mendarat

oraș

bandar

sat

kampung

centru

pusat bandar

casă

rumah

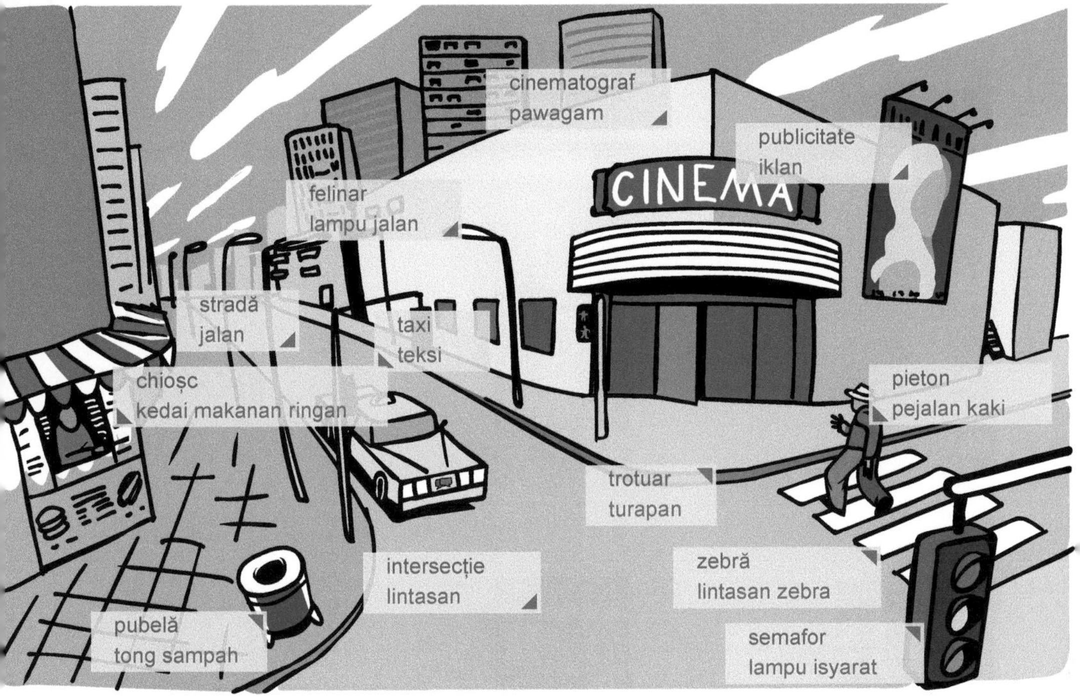
cinematograf
pawagam
CINEMA
publicitate
iklan
felinar
lampu jalan
stradă
jalan
taxi
teksi
chioșc
kedai makanan ringan
pieton
pejalan kaki
trotuar
turapan
intersecție
lintasan
zebră
lintasan zebra
pubelă
tong sampah
semafor
lampu isyarat

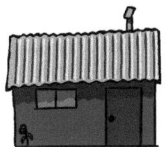

cabană

pondok

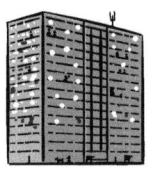

apartament

flat

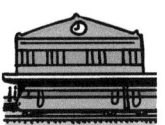

gară

stesen kereta api

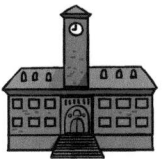

primărie

dewan bandar

MUSEUM

muzeu

muzium

școală

sekolah

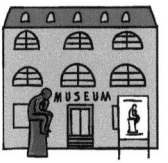

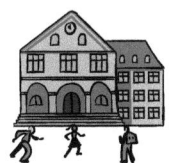

universitate

universiti

bancă

bank

spital

hospital

hotel

hotel

farmacie

farmasi

birou

pejabat

librărie

kedai buku

magazin

kedai

florărie

kedai bunga

supermarket

pasar raya

piaţă

pasaran

magazin universal

gedung

comerciant de peşte

penjual ikan

centru comercial

pusat membeli-belah

port

pelabuhan

parc

taman

bancă

bangku

pod

jambatan

trepte

tangga

metrou

bawah tanah

tunel

terowong

stație de autobuz

hentian bas

bar

bar

restaurant

restoran

cutie poștală

peti surat

tăbliță indicatoare cu
numele străzii

papan tanda jalan

parcometru

meter parkir

grădină zoologică

zoo

piscină

kolam renang

moschee

masjid

gospodărie țărănească
ladang

poluare
pencemaran

cimitir
tanah perkuburan

biserică
gereja

loc de joacă
taman permainan

templu
kuil

peisaj
landskap

frunză
daun

indicator
tiang tanda

drum
jalan

pajiște
padang rumput

piatră
batu

drumeț
pejalan kaki

copac
pokok

râu
sungai

iarbă
rumput

floare
bunga

vale

lembah

deal

bukit

lac

tasik

pădure

hutan

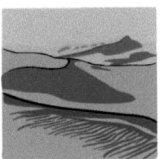

deșert

padang pasir

vulcan

gunung berapi

castel

istana

curcubeu

pelangi

ciupercă

cendawan

palmier

pokok kelapa sawit

țânțar

nyamuk

muscă

terbang

furnică

semut

albină

lebah

păianjen

labah-labah

gândac
kumbang

broască
katak

veveriță
tupai

arici
landak

iepure
arnab

bufniță
burung hantu

pasăre
burung

lebădă
angsa

porc mistreț
babi jantan

cerb
rusa

elan
moose

dig
empangan

turbină eoliană
turbin angin

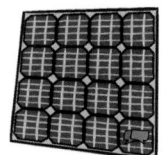

panou solar
panel solar

climă
iklim

restaurant

restoran

chelnăr
pelayan
meniu
menu
scaun
kerusi
supă
sup
pizza
piza
tacâmuri
kutleri
față de masă
alas meja

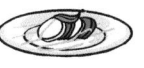

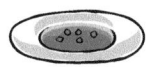

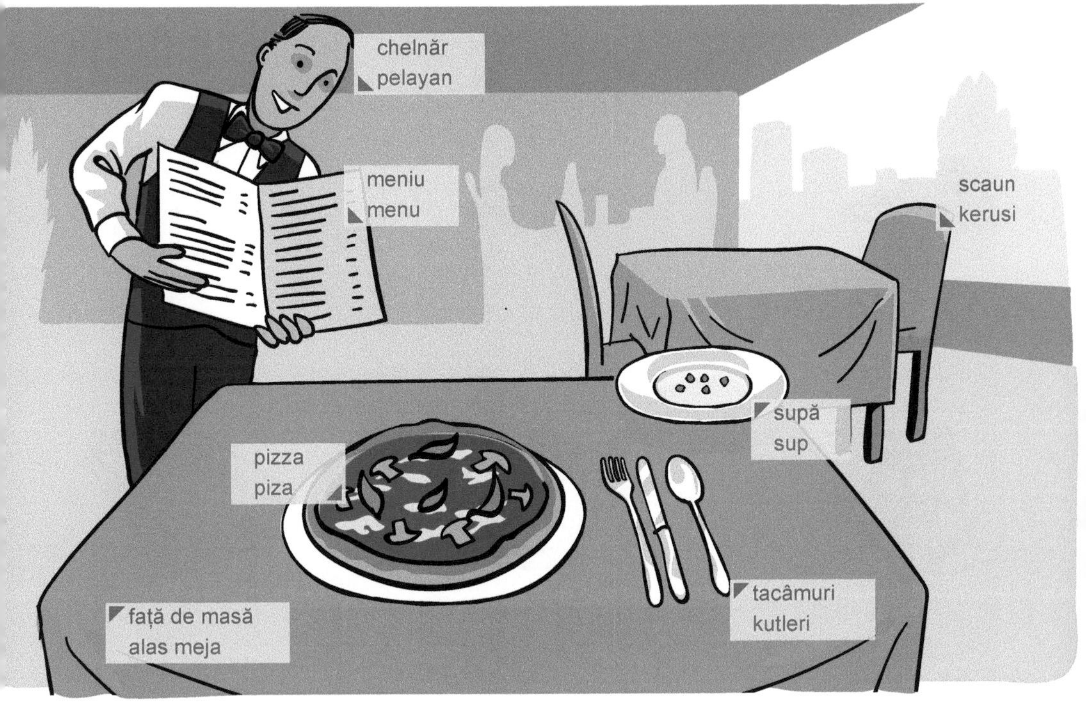

antreu

pemula

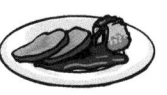

fel principal

hidangan utama

desert

pencuci mulut

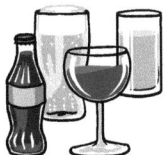

băuturi

minuman

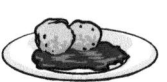

mâncare

makanan

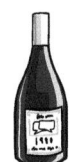

sticlă

botol

fastfood

makanan segera

streetfood

makanan jalanan

ceainic

teko

zaharniță

mangkuk gula

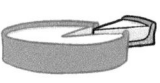

porție

bahagian

espressor

mesin espreso

scaun înalt (pentru copii)

kerusi tinggi

factură

bil

tavă

dulang

cuțit

pisau

furculiță

garfu

lingură

sudu

linguriță

sudu teh

șervețel

serviette

pahar

gelas

farfurie

pinggan

farfurie de supă

mangkuk sup

farfurie

piring

sos

sos

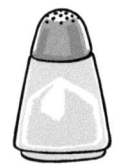

solniță

tempat garam

râșniță de piper

pengisar lada

oțet

cuka

ulei

minyak

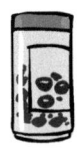

condimente

rempah

ketchup

sos

muștar

mustard

maioneză

mayones

supermarket
pasar raya

ofertă
tawaran istimewa
FOR
client
pelanggan
produse lactate
tenusu
fructe
buah-buahan
cărucior de cumpărături
troli

BUTCHERS

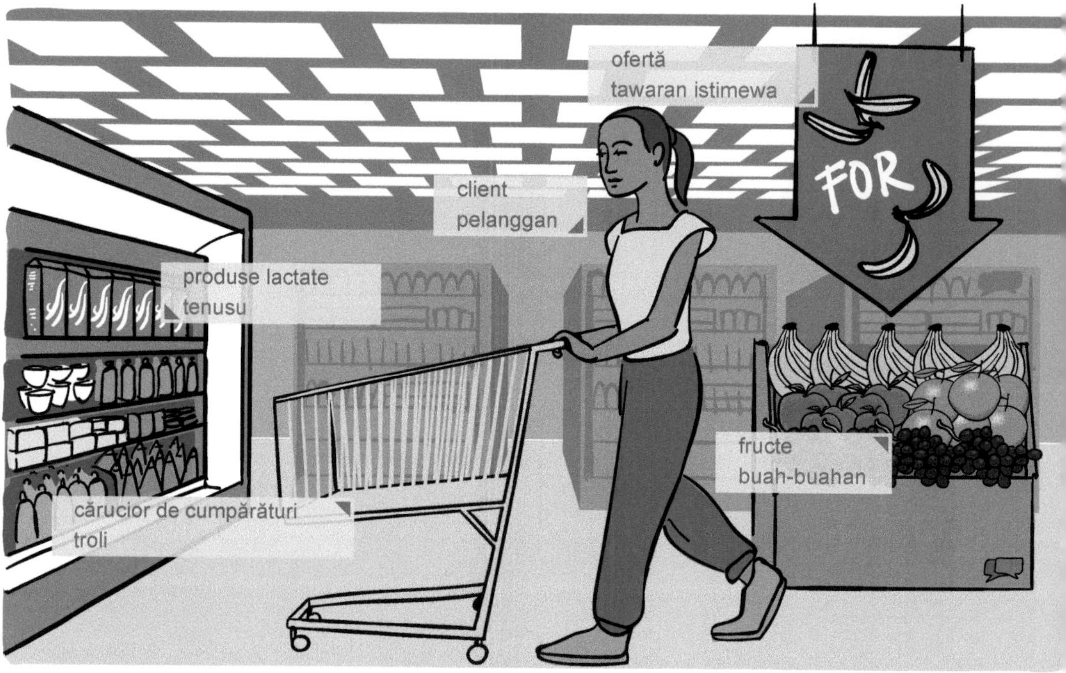

măcelărie

tukang daging

BAKERY

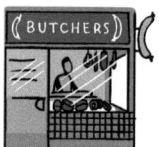

brutărie

kedai roti

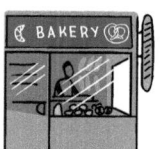

a cântări

berat

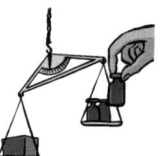

legume

sayur-sayuran

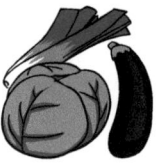

carne

daging

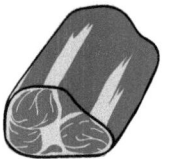

alimente refrigerate

makanan sejuk beku

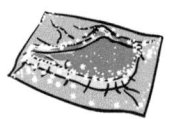

nezeluri şi brânzeturi feliate

daging sejuk

conserve

makanan dalam tin

detergent

serbuk pencuci

dulciuri

gula-gula

articole de menaj

produk isi rumah

produse de curăţenie

produk pembersihan

vânzătoare

orang jualan

casă

daftar tunai

casier

juruwang

listă de cumpărături

senarai membeli-belah

orar

waktu pembukaan

portmoneu

beg duit

carte de credit

kad kredit

geantă

beg

pungă de plastic

beg plastik

apă
air

suc
jus

lapte
susu

cola
kola

vin
wain

bere
bir

alcool
alkohol

cacao
koko

ceai
the

cafea
kopi

espresso
espreso

cappucino
kapucino

banane

pisang

măr

epal

portocală

oren

pepene

tembikai

lămâie

lemon

morcov

lobak merah

usturoi

bawang putih

bambus

buluh

ceapă

bawang

ciupercă

cendawan

nuci

kacang

paste făinoase

mi

spagheti
....
spageti

orez
....
nasi

salată
....
salad

cartofi prăjiți
....
kerepek

cartofi țărănești
....
kentang goreng

pizza
....
piza

hamburger
....
hamburger

sandwich
....
sandwic

șnițel
....
kutlet

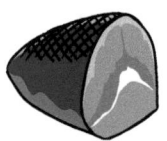

șuncă
....
ham

salam
....
salami

cârnați
....
sosej

pui
....
ayam

friptură
....
panggang

pește
....
ikan

fulgi de ovăz

bubur oat

musli

muesli

cereale

emping jagung

făină

tepung

corn

kroisan

chifle

roti roll

pâine

roti

pâine prăjită

roti bakar

biscuiți

biskut

unt

mentega

brânză de vaci

dadih

prăjitură

kek

ou

telur

ouă ochiuri

telur goreng

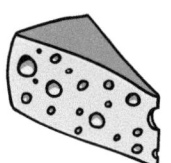

brânză

keju

înghețată
....
ais krim

zahăr
....
gula

miere
....
madu

marmeladă
....
jem

cremă nuga
....
krim nougat

curry
....
kari

gospodărie ţărănească
ladang

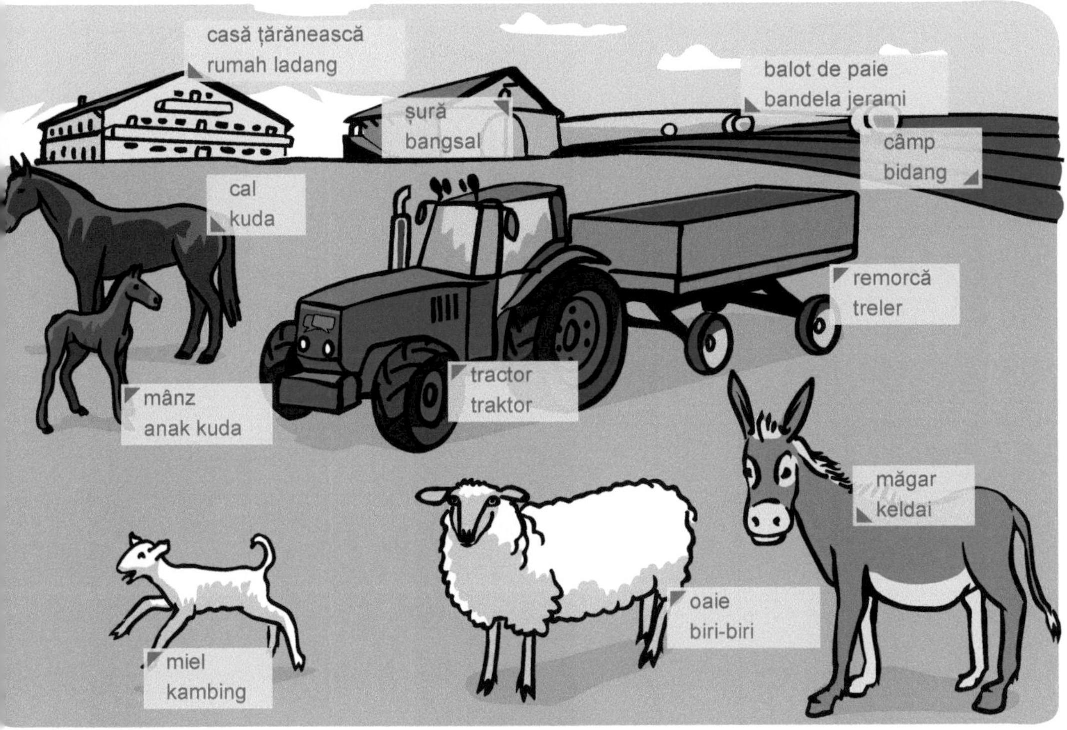
casă ţărănească
rumah ladang
şură
bangsal
balot de paie
bandela jerami
câmp
bidang
cal
kuda
remorcă
treler
tractor
traktor
mânz
anak kuda
măgar
keldai
oaie
biri-biri
miel
kambing

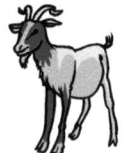

capră

kambing

vacă

lembu

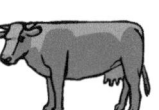

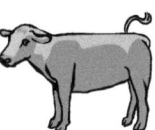

viţel

anak lembu

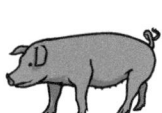

porc

babi

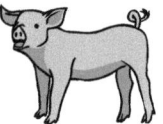

purcel

anak babi

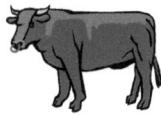

taur

lembu

găină

angsa

rață

itik

pui

anak ayam

găină

ayam betina

cocoș

ayam jantan muda

șobolan

tikus

pisică

kucing

șoarece

tikus

bou

lembu jantan

câine

anjing

cușcă

rumah anjing

furtun de grădină

hos taman

stropitoare

bekas siraman

coasă

sabit

plug

bajak

seceră

sabit

sapă

cangkul

furcă

serampang peladang

secure

kapak

roabă

kereta sorong

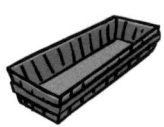

troacă

palung

cană pentru lapte

tin susu

sac

karung

gard

pagar

grajd

stabil

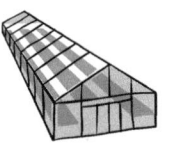

seră

rumah hijau

sol

tanah

sămânță

benih

fertilizator

baja

combină de treierat

jentuai

a culege
tuai

recoltă
menuai

cartof yam
keladi

grâu
gandum

soia
soya

cartof
kentang

porumb
jagung

rapiţă
biji sawi

pom fructifer
pokok buah-buahan

manioc
ubi kayu

cereale
bijirin

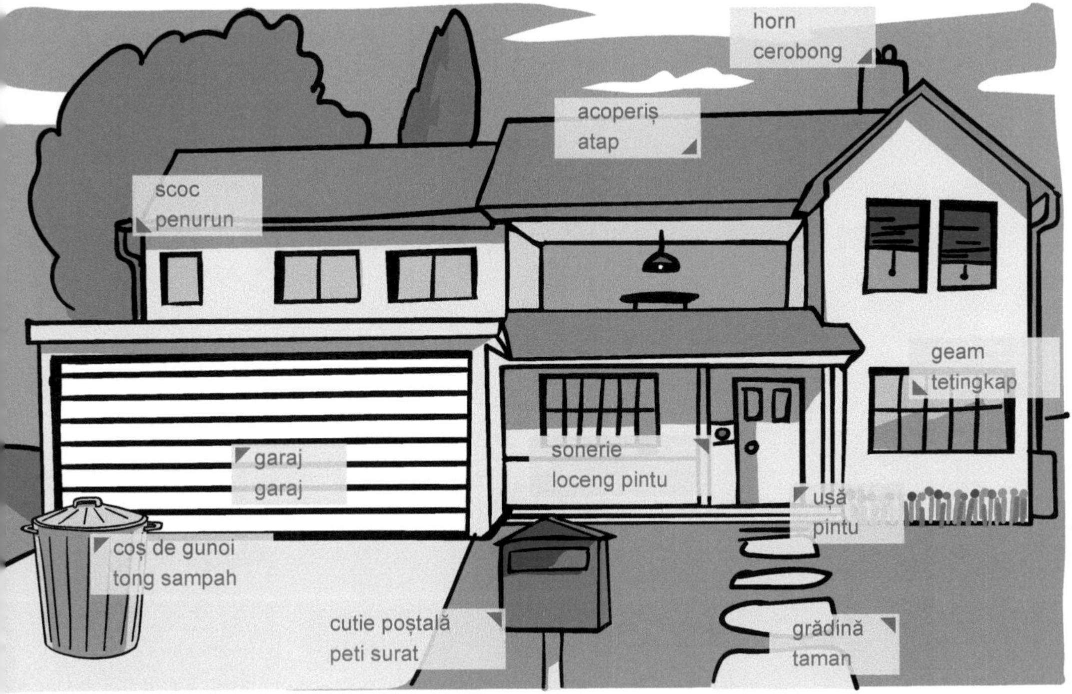

horn
cerobong

acoperiş
atap

scoc
penurun

geam
tetingkap

garaj
garaj

sonerie
loceng pintu

uşă
pintu

coş de gunoi
tong sampah

cutie poştală
peti surat

grădină
taman

cameră de zi	baie	bucătărie
ruang tamu	bilik air	dapur

dormitor	camera copiilor	sufragerie
bilik tidur	bilik kanak-kanak	ruang makan

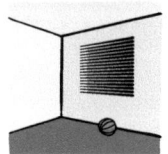

podea

lantai

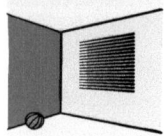

perete

dinding

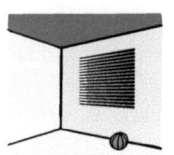

tavan

siling

pivniță

bilik bawah tanah

saună

sauna

balcon

balkoni

terasă

teres

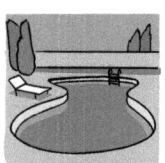

piscină

kolam renang

mașină de tuns iarba

pemotong rumput

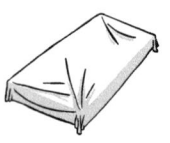

cearșaf

lembaran

cuvertură

penutup tilam

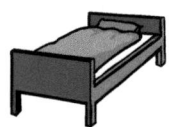

pat

katil

mătură

penyapu

găleată

timba

întrerupător

suis

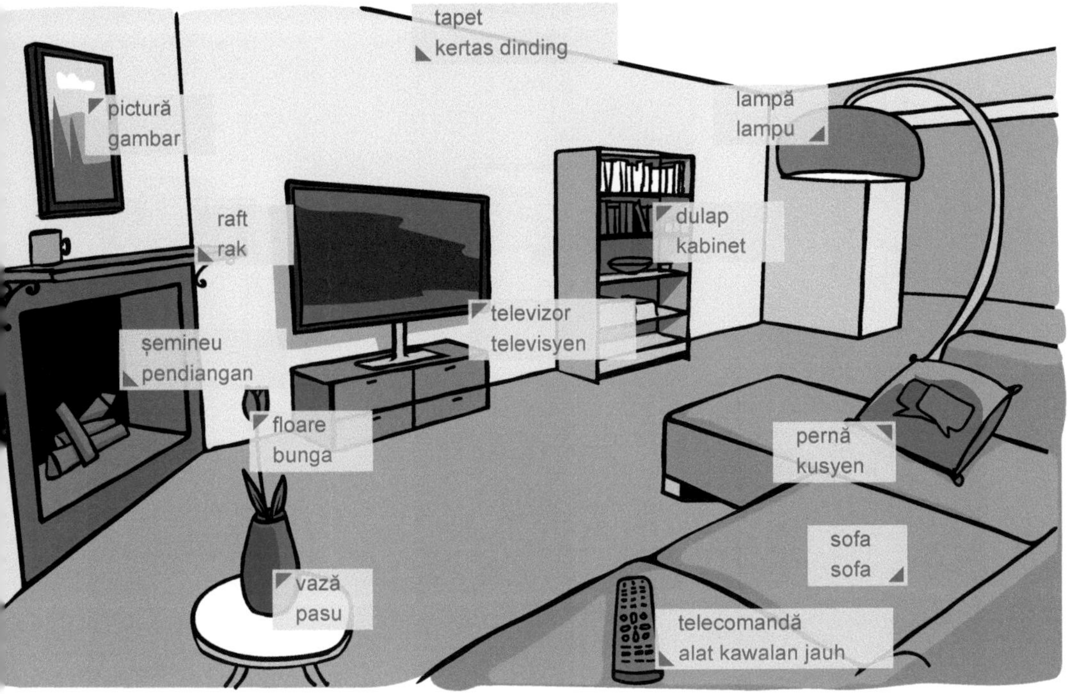

tapet
kertas dinding

picturǎ
gambar

lampǎ
lampu

raft
rak

dulap
kabinet

televizor
televisyen

șemineu
pendiangan

floare
bunga

pernǎ
kusyen

sofa
sofa

vazǎ
pasu

telecomandǎ
alat kawalan jauh

covor

permaidani

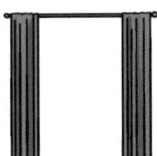

perdea

tirai

masǎ

meja

scaun

kerusi

balansoar

kerusi malas

fotoliu

kerusi

carte

buku

pătură

selimut

decoraţiune

hiasan

lemn de foc

kayu api

film

filem

instalaţie stereo

hi-fi

cheie

kunci

ziar

akhbar

desen

lukisan

poster

poster

radio

radio

caiet de notiţe

buku catatan

aspirator

penyedut habuk

cactus

kaktus

lumânare

lilin

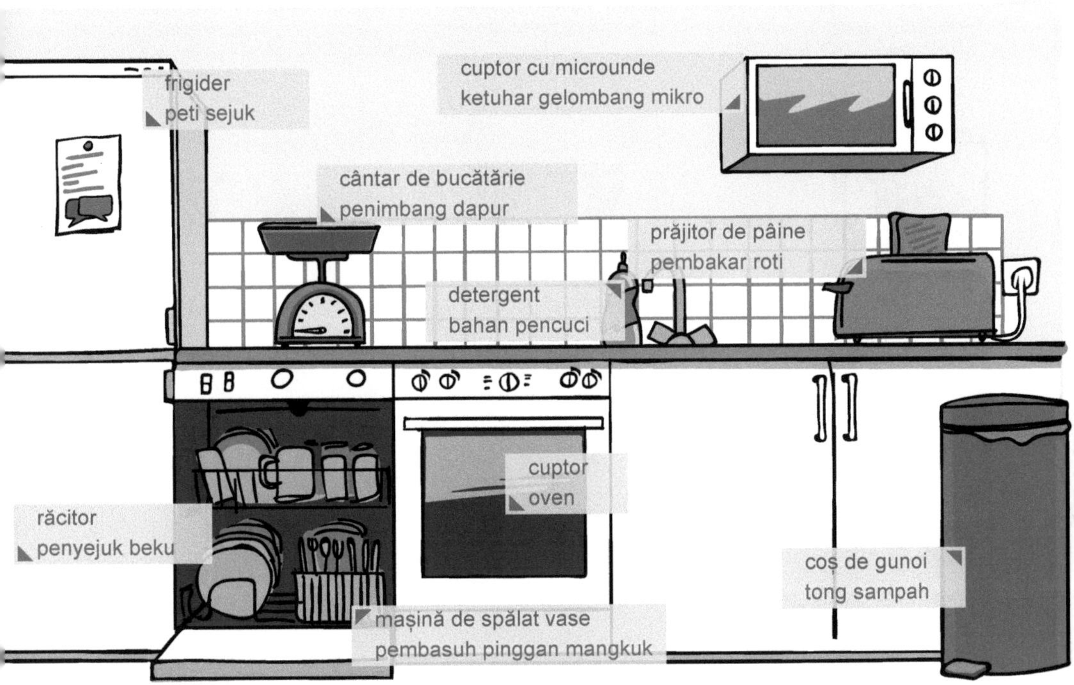

frigider
peti sejuk

cuptor cu microunde
ketuhar gelombang mikro

cântar de bucătărie
penimbang dapur

prăjitor de pâine
pembakar roti

detergent
bahan pencuci

cuptor
oven

răcitor
penyejuk beku

coş de gunoi
tong sampah

maşină de spălat vase
pembasuh pinggan mangkuk

cuptor
periuk dapur

oală
periuk

oală de metal
periuk besi

wok/kadai
kuali

tigaie
pan

ceainic
cerek

oală de gătit cu aburi

pengukus

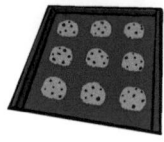

tavă de copt

dulang pembakar

veselă

pinggan mangkuk

pahar

koleh

bol

mangkuk

beţişoare

penyepit

polonic

senduk

spatulă

spatula

tel

pengadun

sită

penapis

sită

ayak

răzătoare

pemarut

mojar

mortar

grătar

barbeku

loc pentru grătar

pembakaran terbuka

bucătărie - dapur

tocător

papan pencincang

sucitor

pin golekan

tirbușon

skru gabus

conservă

tin

deschizător de conserve

pembuka tin

șervete termice

pemegang periuk

chiuvetă

sinki

perie

berus

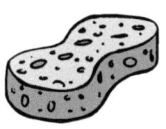

burete

span

mixer

pengisar

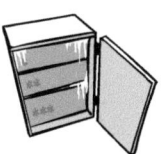

ladă frigorifică

penyejuk beku

biberon

botol bayi

robinet

paip

baie

bilik air

încălzire
pemanasan
duș
mandi
prosop
tuala
perdea de duș
tirai mandi
baie cu spumă
mandi buih
cadă
tab mandi
pahar
gelas
mașină de spălat
mesin basuh
robinet
paip
gresie
jubin
oală de noapte
tandas
chiuvetă
sinki

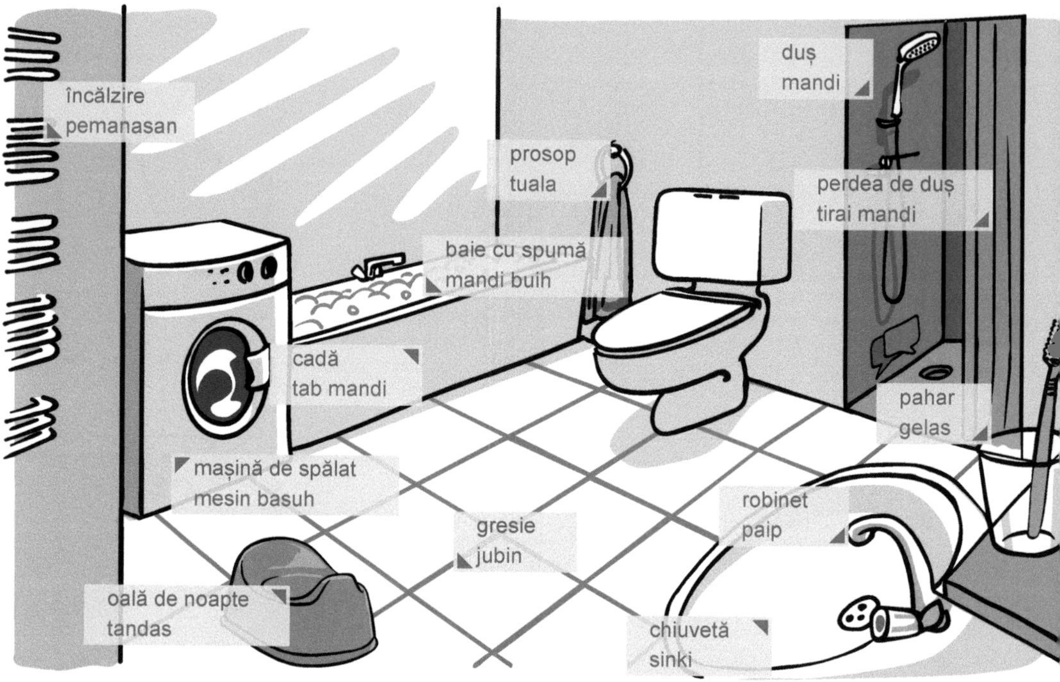

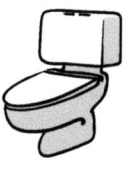

toaletă
tandas

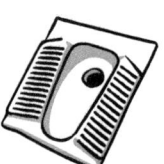

toaletă turcească
tandas mencangkung

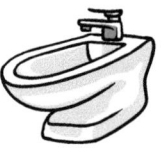

bideu
mangkuk tandas

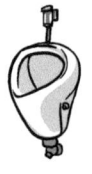

pisoir
tandas awam

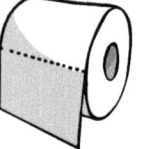

hârtie igienică
kertas tandas

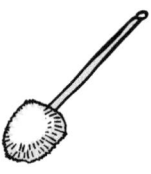

perie de toaletă
berus tandas

periuță de dinți
....
berus gigi

pastă de dinți
....
ubat gigi

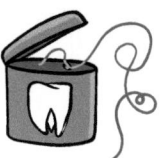

ață dentară
....
flos gigi

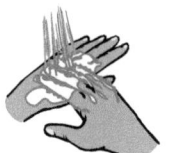

a spăla
....
cuci

cap de duș
....
mandian tangan

duș intim
....
pancuran

lavoar
....
besen

perie pentru spate
....
belakang berus

săpun
....
sabun

gel de duș
....
gel mandian

șampon
....
syampu

cârpă de spălat
....
flanel

scurgere
....
longkang

cremă
....
krim

deodorant
....
deodoran

oglindă
cermin

oglindă cosmetică
cermin tangan

aparat de ras
pisau cukur

spumă de ras
busa cukur

aftershave
selepas cukur

pieptene
sikat

perie
berus

uscător de păr
pengering rambut

fixator
semburan rambut

machiaj
mekap

ruj
gincu

lac de unghii
varnis kuku

vată
bulu kapas

foarfece de unghii
gunting kuku

parfum
pewangi

neseser

beg basuhan

taburet

bangku

cântar

skala berat

halat de baie

jubah mandi

mănuși de cauciuc

sarung tangan getah

tampon

kapas

tampon

tuala wanita

toaletă chimică

tandas kimia

camera copiilor
bilik kanak-kanak

ceas deșteptător
jam loceng
jucărie de pluș
mainan kegemaran
mașină de jucărie
kereta mainan
morișcă
kerincing bayi
casă de păpuși
rumah anak patung
cadou
hadiah

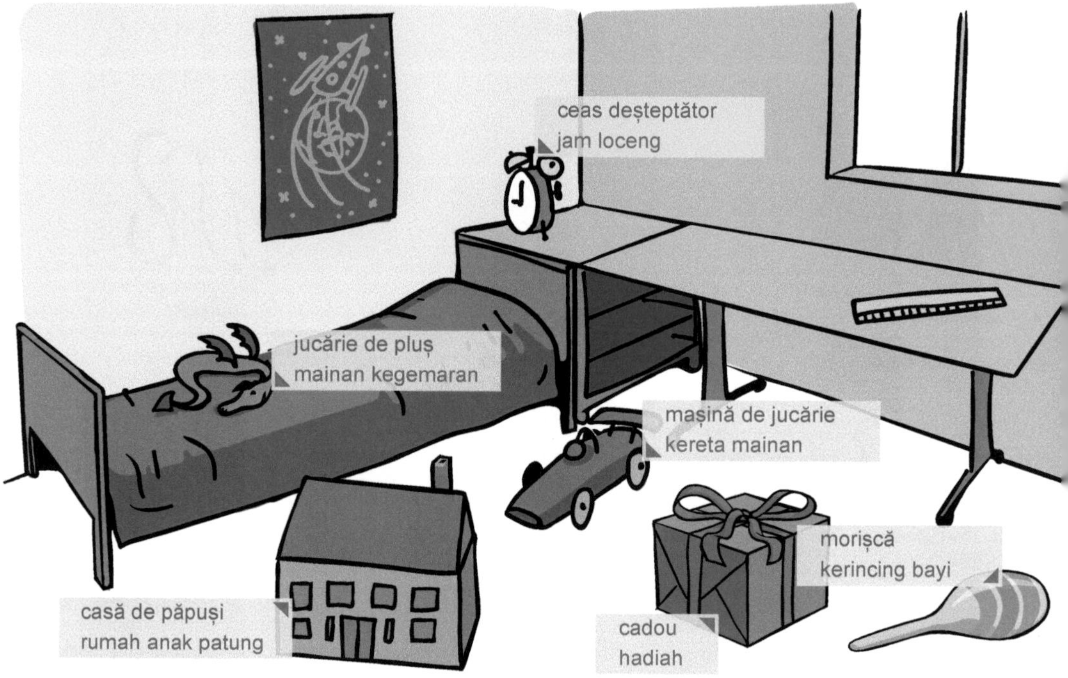

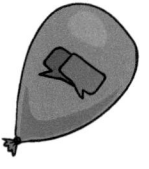

balon
belon

pat
katil

cărucior de copii
kereta sorong bayi

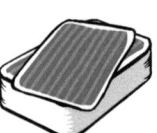

joc de cărți
set kad

puzzle
susun suai gambar

revistă de benzi desenate
komik

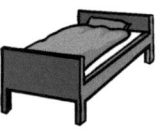

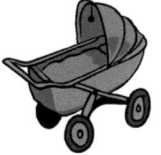

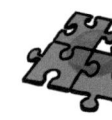

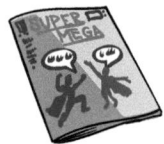

cuburi lego

batu bata lego

piese pentru construcţii

blok mainan

personaj din filmele de acţiune

figura aksi

body

baju bayi

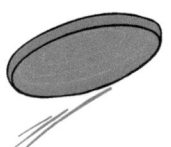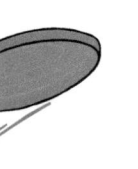

frisbee

frisbee

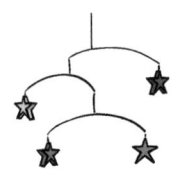

mobil

mainan bayi mudah alih

joc de societate

permainan papan

zar

dadu

set trenuleţ de jucărie

set model kereta api

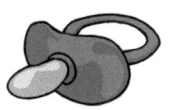

suzetă

palsu

petrecere

parti

carte cu poze

buku bergambar

minge

bola

păpuşă

anak patung

a se juca

main

groapă de nisip

lubang pasir

leagăn

buai

jucării

mainan

consolă video

konsol permainan video

tricicletă

basikal roda tiga

ursuleț

anak patung beruang

dulap

almari pakaian

îmbrăcăminte
pakaian

șosete

stoking

ciorapi

stoking

dres

ketat

şal
skarf

umbrelă
payung

keselamatan

tricou
kemeja-t

pantofi sport
kasut sukan

cizme
but

papuci
selipar

sandale	încălţăminte	cizme de cauciuc
sandal	kasut	but getah

chilot	sutien	maiou
seluar dalam	coli	ves

îmbrăcăminte - pakaian

45

body
badan

pantaloni
Seluar panjang

blugi
jean

fustă
skirt

bluză
blaus

cămaşă
kemeja

pulover
baju panas sarung

jerseu
sweater

sacou
blazer

jachetă
jaket

palton
kot

pelerină de ploaie
baju hujan

costum
kostum

rochie
pakaian

rochie de mireasă
baju pengantin

costum

sut

cămașă de noapte

baju tidur

pijama

baju tidur

sari

sari

batic

skarf kepala

turban

serban

burka

burqa

caftan

kaftan

abaya

abaya/jubah

costum de baie

baju renang

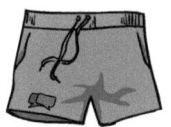

șort

seluar renang

pantaloni scurți

seluar pendek

trening

sut balapan

șorț

apron

mănuși

sarung tangan

nasture
butang

ochelari
cermin mata

brățară
gelang tangan

lanț
rantai leher

inel
cincin

cercel
subang

căciulă
topi

umeraș
penyangkut kot

pălărie
topi

cravată
tali leher

fermoar
zip

cască
topi keledar

bretele
pendakap

uniformă școlară
uniform sekolah

uniformă
seragam

îmbrăcăminte - pakaian

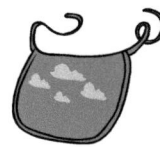

baveţică

lapik dada

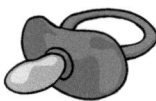

suzetă

palsu

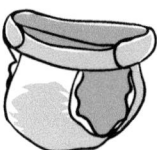

scutec

lampin

birou
pejabat

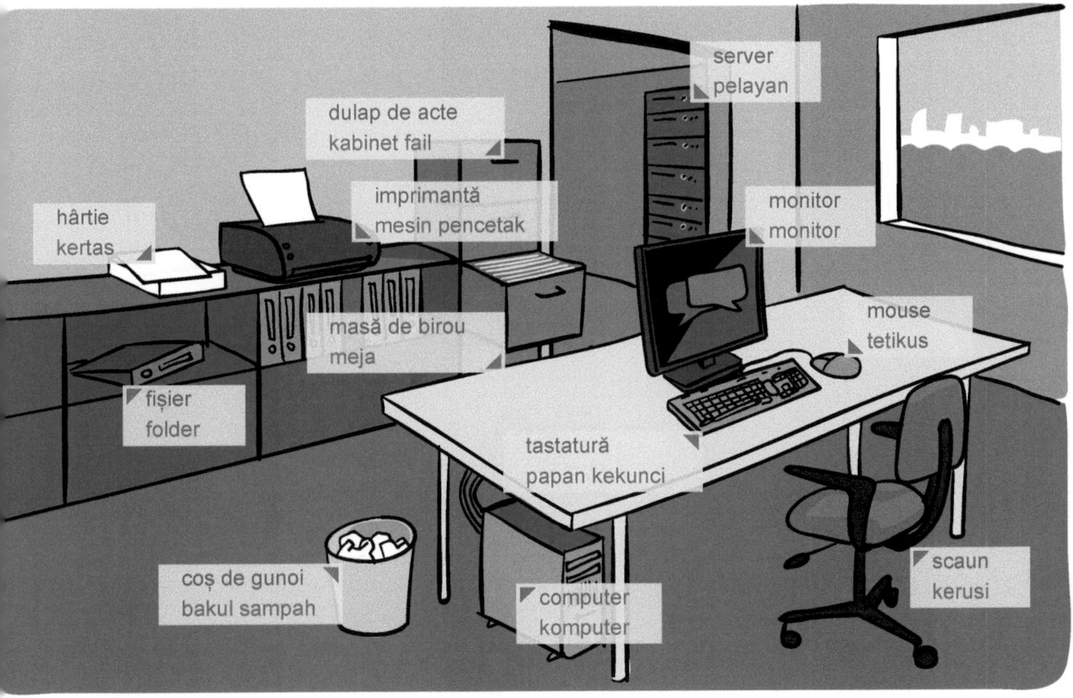

server
pelayan
dulap de acte
kabinet fail
hârtie
kertas
imprimantă
mesin pencetak
monitor
monitor
masă de birou
meja
mouse
tetikus
fişier
folder
tastatură
papan kekunci
coş de gunoi
bakul sampah
computer
komputer
scaun
kerusi

ceaşcă de cafea

cawan kopi

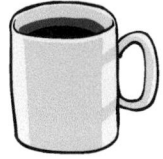

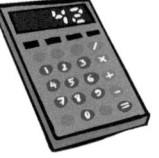

calculator

kalkulator

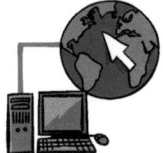

internet

internet

laptop

komputer riba

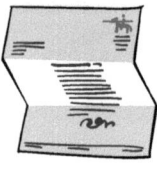

scrisoare

surat

mesaj

mesej

telefon mobil

mudah alih

reţea

rangkaian

copiator

mesin fotokopi

software

perisian

telefon

telefon

priză

soket plag

fax

mesin faks

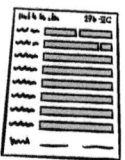

formular

bentuk

document

dokumen

a cumpăra

beli

a plăti

bayar

a face comerț

berdagang

bani

wang

Dolar

dolar

Euro

euro

Yen

yen

Rublă

rubel

Franc Elvețian

franc swiss

renminbi yuan

renminbi yuan

 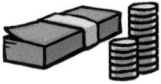

Rupie

rupee

bancomat

mata tunai

casă de schimb valutar

pejabat tukaran mata wang

aur

emas

argint

perak

petrol

minyak

energie

tenaga

preț

harga

contract

kontrak

impozit

cukai

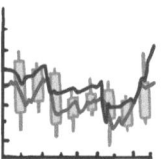

acțiune

stok

a munci

kerja

angajat

pekerja

angajator

majikan

fabrică

kilang

magazin

kedai

ocupații
pekerjaan

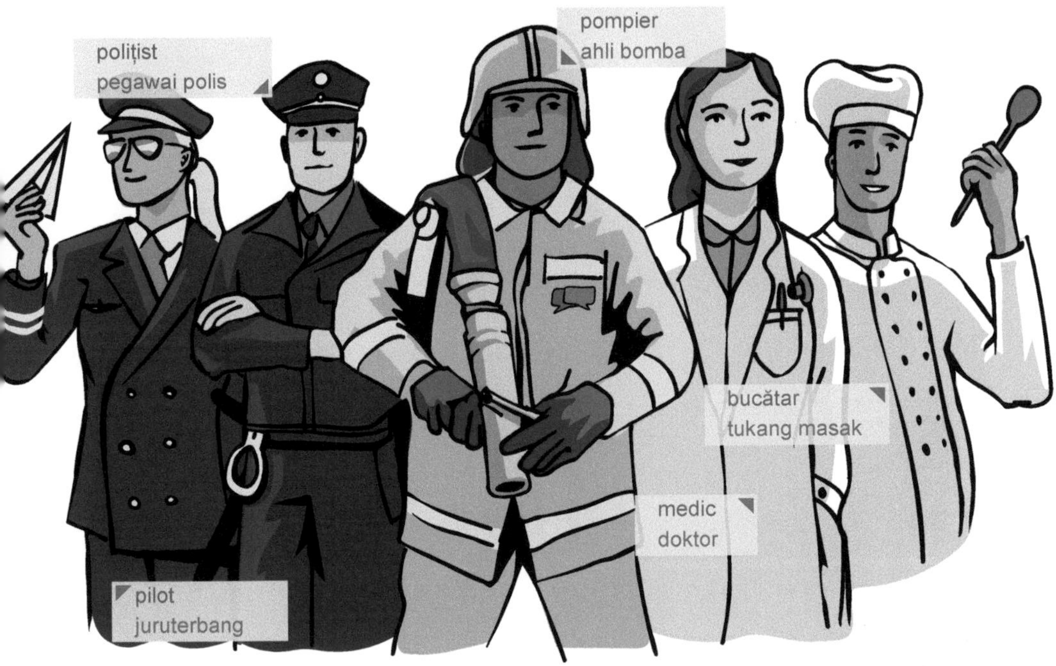

polițist
pegawai polis
pompier
ahli bomba
bucătar
tukang masak
medic
doktor
pilot
juruterbang

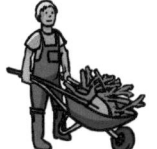

grădinar
tukang kebun

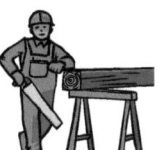

tâmplar
tukang kayu

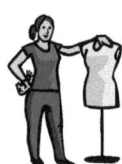

cusătoreasă
tukang jahit

judecător
hakim

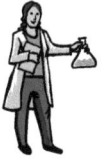

chimist
ahli kimia

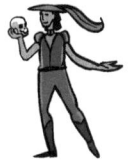

actor
pelakon

șofer de autobuz

pemandu bas

șofer de taxi

pemandu teksi

pescar

nelayan

femeie de serviciu

wanita pencuci

tinichigiu

kasau

chelnăr

pelayan

vânător

pemburu

pictor

pelukis

brutar

bakeri

electrician

juruelektrik

muncitor în construcții

pembangun

inginer

jurutera

măcelar

penjual daging

instalator

tukang paip

poștaș

posmen

soldat
....
askar

arhitect
....
arkitek

casier
....
juruwang

florar
....
kedai bunga

frizer
....
pendandan rambut

controlor
....
konduktor

mecanic
....
mekanik

căpitan
....
kapten

stomatolog
....
doktor gigi

om de știință
....
ahli sains

rabin
....
tuhanku

imam
....
imam

călugăr
....
sami

preot
....
paderi

instrumente

alat

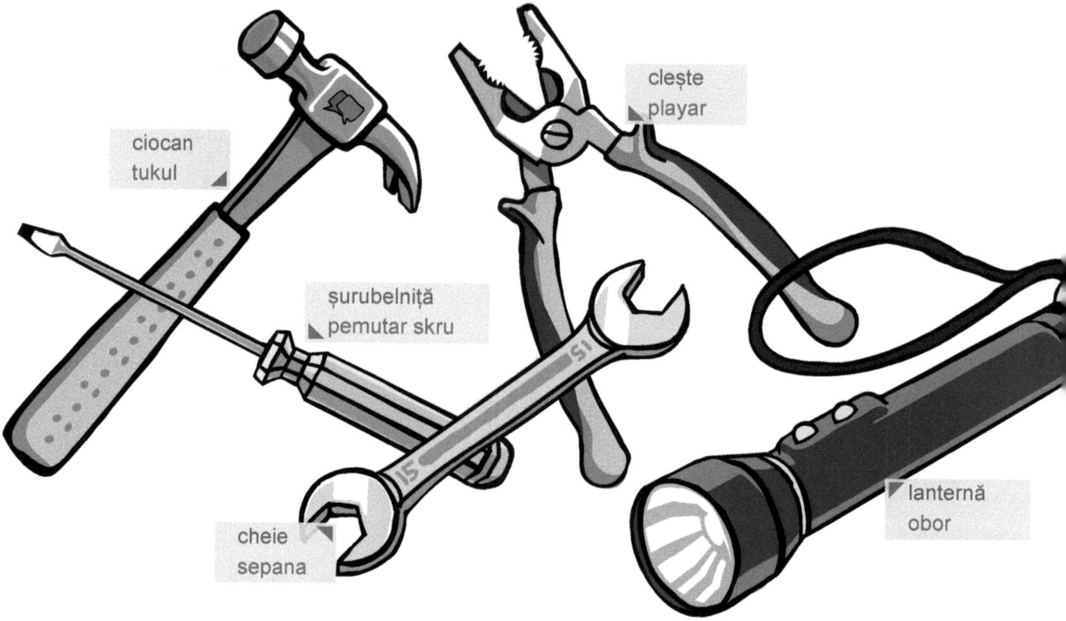

ciocan
tukul
clește
playar
șurubelniță
pemutar skru
cheie
sepana
lanternă
obor

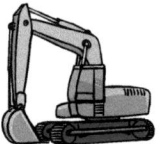

excavator

pengorek

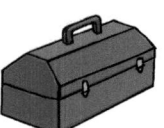

cutie de scule

kotak peralatan

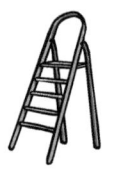

scară

tangga

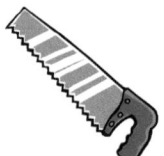

ferăstrău

gergaji

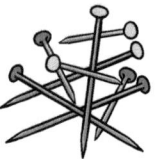

cuie

kuku

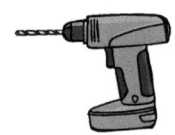

burghiu

gerudi

a repara
baiki

lopată
penyodok

La naiba!
Celaka!

făraș
penadah sampah

vas pentru vopsea
periuk cat

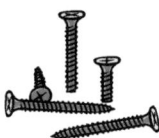

șuruburi
skru

instrumente muzicale
alat muzik

difuzor
pembesar suara

set tobe
perangkat dram

chitară
gitar

contrabas
bass berganda

trompetă
trompet

pian
....
piano

vioară
....
biola

bas
....
bass

trombon
....
timpani

tobă
....
dram

keyboard
....
papan kekunci

saxofon
....
saksofon

fluier
....
seruling

microfon
....
mikrofon

grădină zoologică

zoo

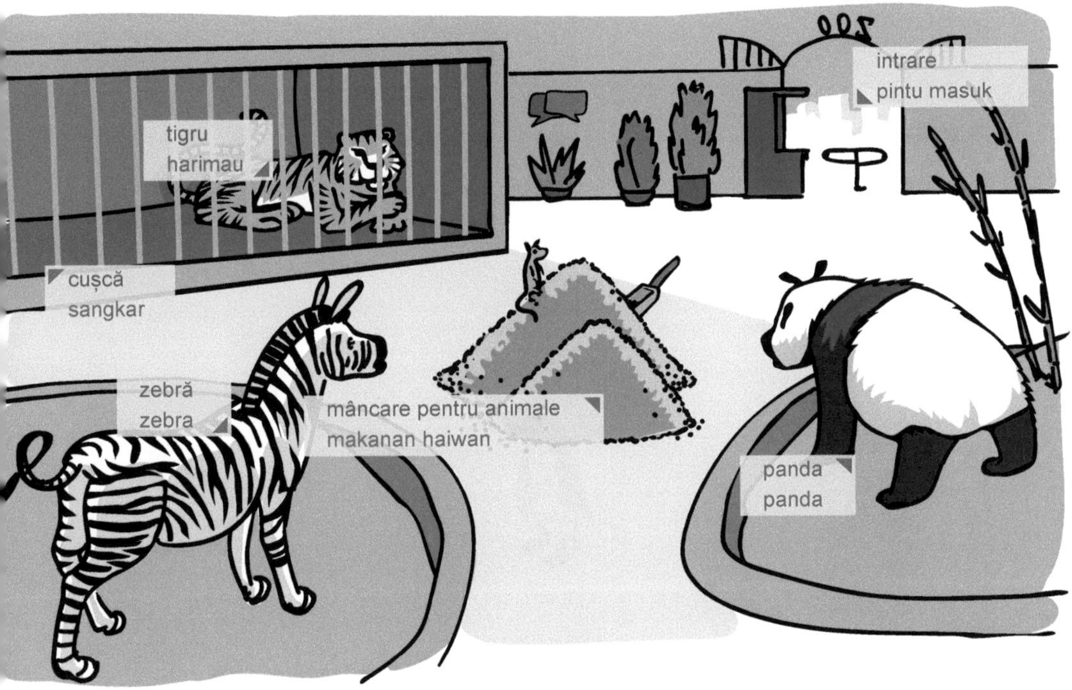

tigru
harimau
intrare
pintu masuk
cuşcă
sangkar
zebră
zebra
mâncare pentru animale
makanan haiwan
panda
panda

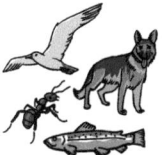

animale

haiwan

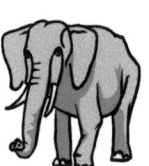

elefant

gajah

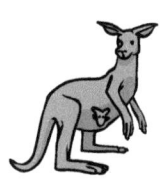

cangur

kanggaru

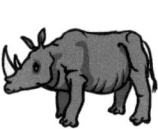

rinocer

badak sumbu

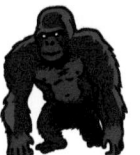

gorilă

gorila

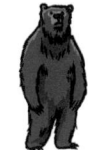

urs

beruang

cămilă

unta

struț

burung unta

leu

singa

maimuță

monyet

flamingo

flamingo

papagal

nuri

urs polar

beruang kutub

pinguin

penguin

rechin

yu

păun

merak

șarpe

ular

crocodil

buaya

îngrijitor grădina zoologică

penjaga zoo

focă

anjing laut

jaguar

jaguar

ponei

kuda

leopard

harimau

hipopotam

badak air

girafă

zirafah

acvilă

helang

porc mistreț

babi jantan

pește

ikan

broască țestoasă

penyu

morsă

anjing laut

vulpe

musang

gazelă

rusa

sport
sukan

fotbal american
bola sepak Amerika

ciclism
berbasikal

tenis
tenis

basketball
bola keranjang

înot
renang

hockey pe gheață
hoki ais

box
tinju

fotbal
bola sepak

badminton
badminton

atletism
olahraga

handbal
bola baling

schi
ski

polo
polo

a râde
ketawa

a sări
lompat

a îmbrățișa
peluk

a merge
berjalan

a cânta
menyanyi

a visa
mimpi

a se ruga
berdoa

a săruta
cium

a scrie
....
tulis

a desena
....
lukis

a arăta
....
tunjuk

a împinge
....
tolak

a da
....
beri

a lua
....
ambil

a avea
ada

a face
buat

a fi
ialah

a sta în picioare
berdiri

a fugi
lari

a trage
tarik

a arunca
buang

a cădea
jatuh

a sta întins
tipu

a aștepta
tunggu

a purta
bawa

a ședea
duduk

a se îmbrăca
pakai

a dormi
tidur

a se trezi
bangkit

a privi

lihat pada

a plânge

menangis

a mângâia

strok

a se pieptăna

sikat

a vorbi

cakap

a înţelege

faham

a întreba

tanya

a asculta

dengar

a bea

minum

a mânca

makan

a face ordine

mengemas

a iubi

sayang

a găti

masak

a conduce

pandu

a zbura

terbang

a naviga
belayar

a calcula
kira

a citi
baca

a învăța
belajar

a munci
kerja

a se căsători
nikah

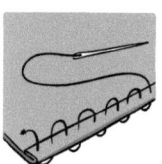

a coase
jahit

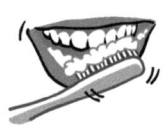

a se spăla pe dinți
memberus gigi

a ucide
bunuh

a fuma
asap

a trimite
hantar

bunică
nenek

bunic
datuk

tată
bapa

mamă
ibu

bebeluş
bayi

soră
anak perempuan

fiu
anak lelaki

oaspete

tetamu

mătuşă

mak cik

unchi

pak cik

frate

abang

soră

kakak

corp
badan

frunte
dahi
ochi
mata
umăr
bahu
deget
jari
față
muka
bărbie
dagu
mână
tangan
picior
kaki
piept
dada
braț
lengan

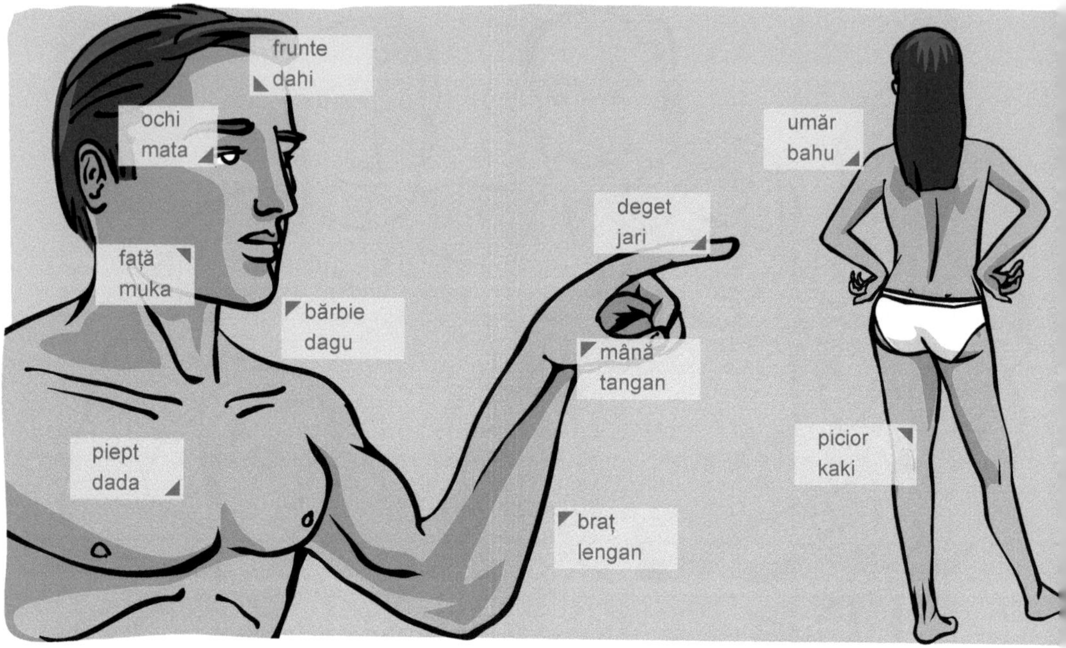

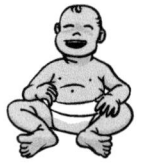

bebeluș

bayi

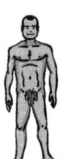

bărbat

lelaki

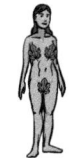

femeie

wanita

fată

perempuan

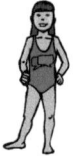

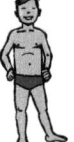

băiat

lelaki

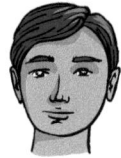

cap

kepala

spate

belakang

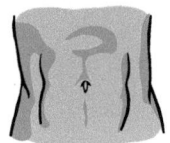

abdomen

bawah perut

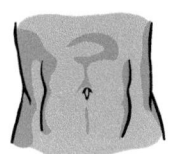

ombilic

pusat

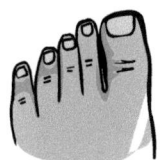

deget de la picior

jari kaki

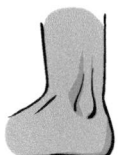

călcâi

tumit

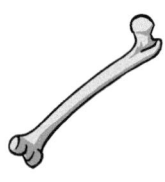

os

tulang

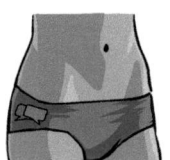

șold

pinggul

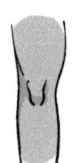

genunchi

lutut

cot

siku

nas

hidung

fund

bawah

piele

kulit

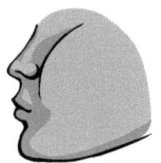

obraz

pipi

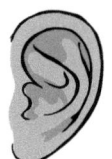

ureche

telinga

buză

bibir

gură
mulut

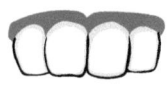

dinte
gigi

limbă
lidah

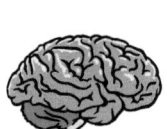

creier
otak

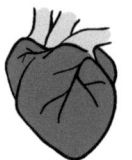

inimă
hati

mușchi
otot

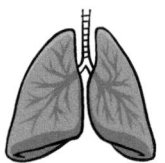

plămân
paru-paru

ficat
hati

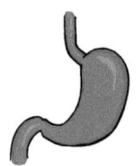

stomac
perut

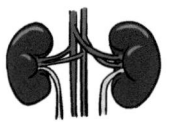

rinichi
buah pinggang

sex
seks

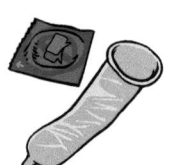

prezervativ
kondom

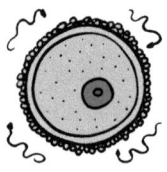

ovul
faraj

spermă
mani

sarcină
mengandung

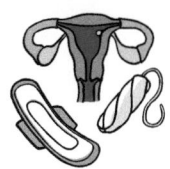

menstruaţie
haid

vagin
faraj

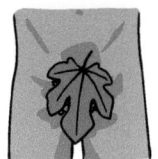

penis
penis

sprânceană
kening

păr
rambut

gât
leher

spital
hospital

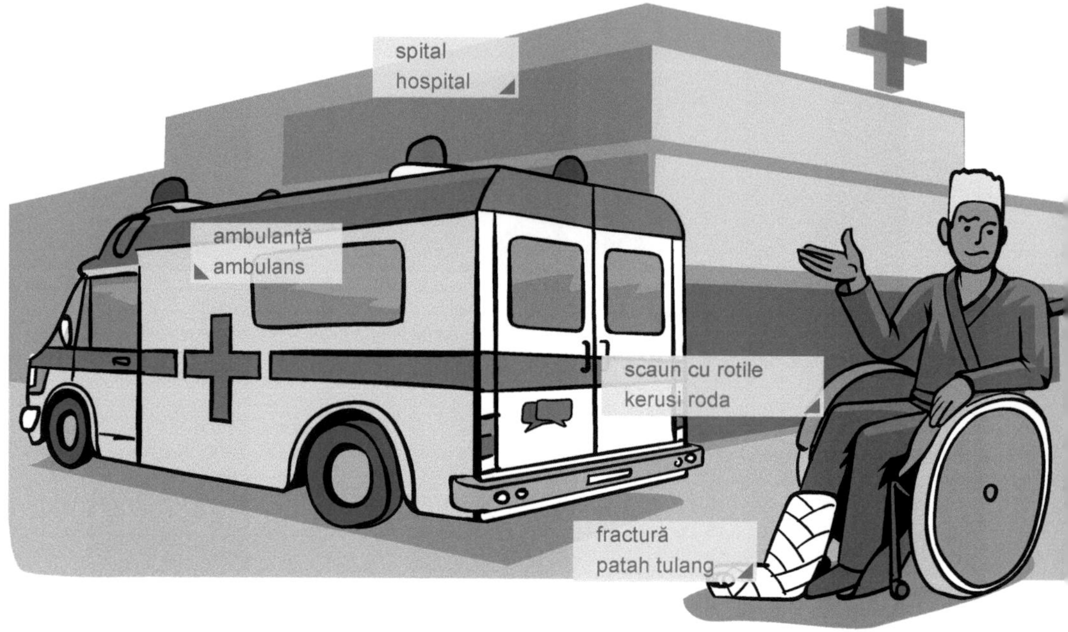

spital
hospital

ambulanță
ambulans

scaun cu rotile
kerusi roda

fractură
patah tulang

medic

doktor

unitate de primiri urgențe

bilik kecemasan

soră medicală

jururawat

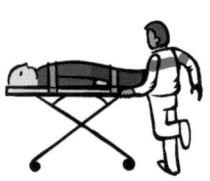

urgență

kecemasan

inconștient

tak sedar

durere

sakit

leziune
kecederaan

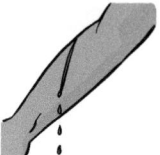

sângerare
pendarahan

infarct miocardic
serangan jantung

atac cerebral
strok

alergie
alergi

tuse
batuk

febră
demam

gripă
selesema

diaree
cirit-birit

durere de cap
sakit kepala

cancer
kanser

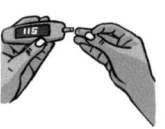

diabet
diabetes

chirurg
pakar bedah

scalpel
pisau bedah

operație
pembedahan

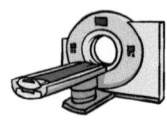

CT

CT

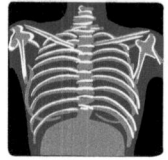

raze Röntgen

x-ray

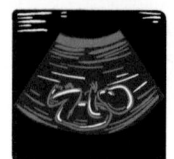

ultrasunet

ultrabunyi

mască

topeng muka

boală

penyakit

sală de așteptare

bilik menunggu

cârjă

penongkat

plasture

plaster

bandaj

pembalut

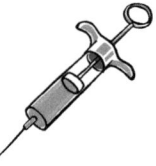

injecție

suntikan

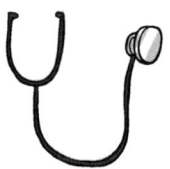

stetoscop

stetoskop

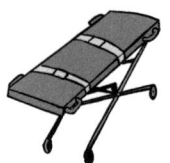

targă

pengusung

termometru

termometer klinik

naștere

kelahiran

supraponderabilitate

berat badan berlebihan

aparat auditiv

alat pendengaran

dezinfectant

disinfektan

infecție

jangkitan

virus

virus

HIV/SIDA

HIV / AIDS

medicină

perubatan

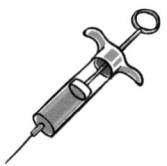

vaccin

vaksinasi

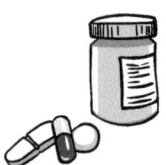

tablete

tablet

pastilă

pil

apel de urgență

panggilan kecemasan

aparat de măsurare a
presiunii arteriale

pantau tekanan darah

bolnav/sănătos

sakit / sihat

Ajutor!

Tolong!

alarmă

penggera

agresiune

serang

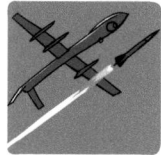

atac

serangan

pericol

bahaya

ieșire de urgență

pintu kecemasan

Foc!

Api!

extinctor

alat pemadam api

accident

kemalangan

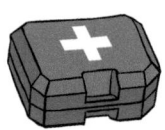

trusă de prim-ajutor

alat pertolongan cemas

SOS

SOS

poliție

polis

Europa

Eropah

America de Nord

Amerika Utara

America de Sud

Amerika Selatan

Africa

Afrika

Asia

Asia

Australia

Australia

Altantic

Atlantic

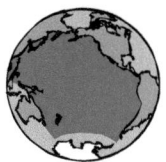

Pacific

Pasifik

Oceanul Indian

Lautan Hindi

Oceanul Antarctic

Lautan Antartik

Oceanul Arctic

Lautan Artik

Polul Nord

Kutub utara

Polul Sud

Kutub Selatan

Antarctica

Antartika

pământ

bumi

țară

tanah

mare

laut

insulă

pulau

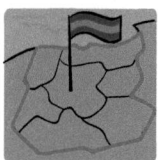

națiune

negara

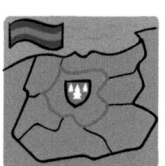

stat

negeri

cadran

muka jam

orar

tangan jam

minutar

tangan minit

secundar

terpakai

Cât e ceasul?

Jam berapa sekarang

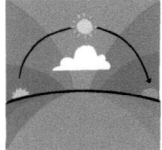

zi

hari

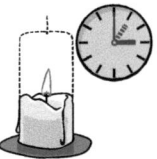

timp

masa

acum

sekarang

cead digital

jam digital

minut

minit

oră

jam

săptămână
minggu

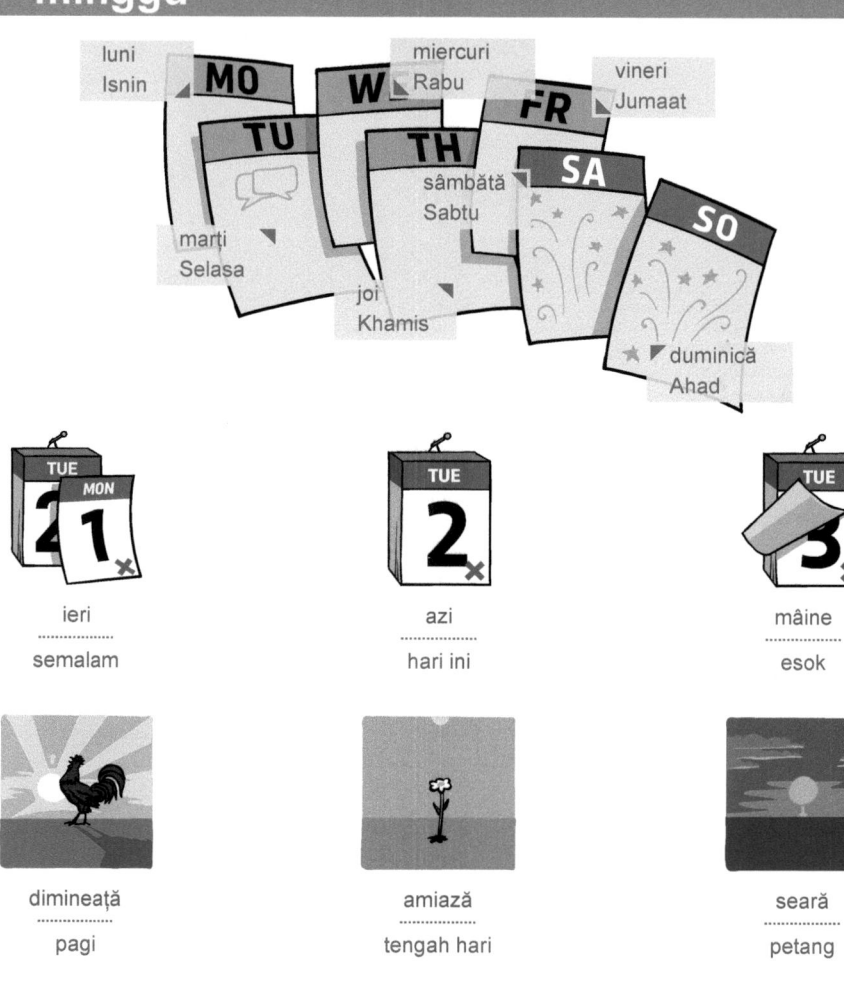

luni
Isnin

MO

TU

marți
Selasa

W Rabu
miercuri

TH

joi
Khamis

sâmbătă
Sabtu

SA

vineri
Jumaat
FR

SO

duminică
Ahad

TUE
MON
1

ieri
semalam

TUE
2

azi
hari ini

TUE
3

mâine
esok

---

dimineață
pagi

amiază
tengah hari

seară
petang

MO	TU	WE	TH	FR	SA	SU
1	2	3	4	5	6	7
8	9	10	11	12	13	14
15	16	17	18	19	20	21
22	23	24	25	26	27	28
29	30	31	1	2	3	4

zile lucrătoare
hari kerja

MO	TU	WE	TH	FR	SA	SU
1	2	3	4	5	6	7
8	9	10	11	12	13	14
15	16	17	18	19	20	21
22	23	24	25	26	27	28
29	30	31	1	2	3	4

week-end
hari minggu

an
tahun

ploaie
hujan
curcubeu
pelangi
vânt
angin
zăpadă
salji
primăvară
musim bunga
vară
musim panas
toamnă
musim luruh
iarnă
musim salji

4.APRIL 11°
5.APRIL 4°
6.APRIL 13°
7.APRIL 8°
8.APRIL 10°

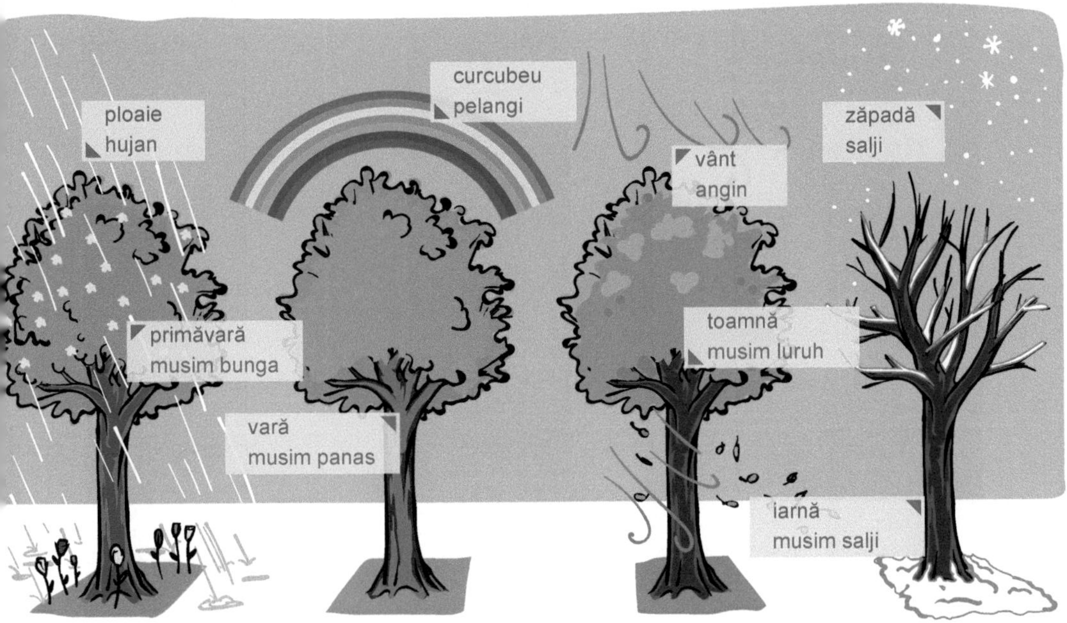

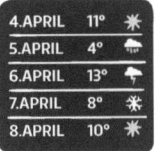

prognoză meteo

ramalan cuaca

F C
120 40
90 30
60 20
30 10
0 0
-30 -10
-20

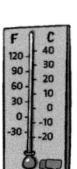

termometru

termometer

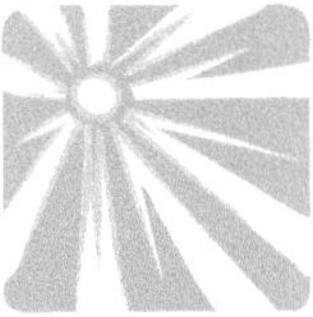

lumina soarelui

sinar matahari

nor

awan

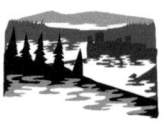

ceață

kabus

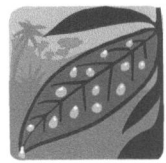

umiditate a aerului

lembapan

fulger
....
kilat

tunet
....
petir

furtună ·
....
ribut

grindină
....
hujan batu

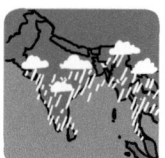

muson
....
monsun

inundaţie
....
banjir

gheaţă
....
ais

ianuarie
....
Januari

februarie
....
Februari

martie
....
Mac

aprilie
....
April

mai
....
Mei

iunie
....
Jun

iulie
....
Julai

august
....
Ogos

an - tahun

septembrie
....
September

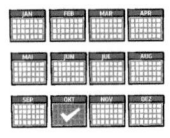

octombrie
....
Oktober

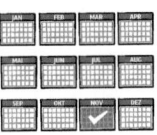

noiembrie
....
November

decembrie
....
Disember

cerc
....
bulatan

pătrat
....
petak

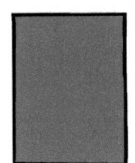

dreptunghi
....
segi empat tepat

triunghi
....
segitiga

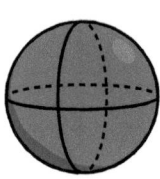

sferă
....
sfera

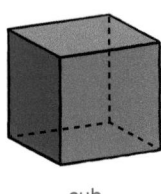

cub
....
kiub

alb
....
putih

galben
....
kuning

portocaliu
....
oren

roz
....
merah jambu

roșu
....
merah

violet
....
ungu

albastru
....
biru

verde
....
hijau

maro
....
coklat

gri
....
kelabu

negru
....
hitam

mult/puţin

banyak / sedikit

furios/calm

marah / tenang

frumos/urât

cantik / hodoh

început/sfârşit

bermula / tamat

mare/mic

besar kecil

luminos/întunecat

terang / gelap

frate/soră

abang / kakak

curat/murdar

bersih / kotor

complet/incomplet

lengkap / tidak lengkap

zi/noapte

hari / malam

mort/viu

mati / hidup

lat/strâmt

luas / sempit

comestibil/necomestibil

boleh dimakan / tidak boleh dimakan

rău/prietenos

jahat / baik

emoţionat/plictisit

teruja / bosan

gras/slab

gemuk / kurus

primul/ultimul

pertama / terakhir

prieten/inamic

kawan / musuh

plin/gol

penuh / kosong

tare/moale

keras / lembut

greu/uşor

berat / ringan

foame/sete

lapar / dahaga

bolnav/sănătos

sakit / sihat

ilegal/legal

menyalahi undang-undang / undang-undang

inteligent/stupid

pintar / bodoh

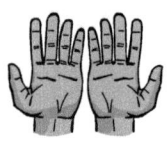

stânga/drepta

kiri / kanan

aproape/departe

dekat / jauh

nou/uzat

baru / lama

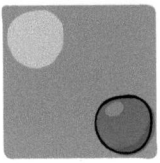

nimic/ceva

tiada / sesuatu

bătrân/tânăr

tua / muda

pornit/oprit

hidup / mati

deschis/închis

terbuka / tertutup

încet/tare

diam / bising

bogat/sărac

kaya / miskin

corect/fals

betul / salah

aspru/neted

kasar / halus

trist/fericit

sedih / gembira

lung/scurt

pendek / panjang

încet/repede

lambat / laju

ud/uscat

basah / kering

cald/rece

panas / sejuk

război/pace

berperang / berdamai

0

zero

sifar

1

unu

satu

2

doi

dua

3

trei

tiga

4

patru

empat

5

cinci

lima

6

șase

enam

7

șapte

tujuh

8

opt

lapan

9

nouă

sembilan

10

zece

sepuluh

11

unsprezece

sebelas

12

douăsprezece

dua belas

13

treisprezece

tiga belas

14

paisprezece

empat belas

15

cincisprezece

lima belas

16

șaisprezece

enam belas

17

șaptesprezece

tujuh belas

18

optsprezece

lapan belas

19

nouăsprezece

Sembilan belas

20

douăzeci

dua puluh

100

o sută

ratus

1.000

o mie

ribu

1.000.000

un milion

juta

bahasa-bahasa

engleză

Bahasa Inggeris

engleză americană

Bahasa Inggeris Amerika

chineza mandarină

Bahasa Cina Mandarin

hindi

Bahasa Hindi

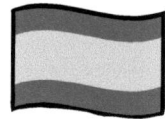

spaniolă

Bahasa Sepanyol

franceză

Bahasa Perancis

arabă

Bahasa Arab

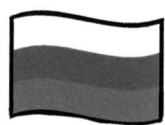

rusă

Bahasa Rusia

protugheză

Bahasa Portugis

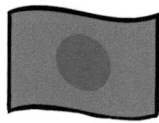

bengaleză

Bahasa Benggali

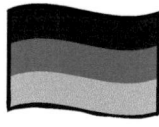

germană

Bahasa Jerman

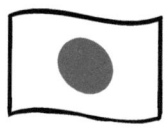

japoneză

Bahasa Jepun

eu

saya

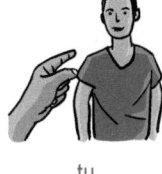

tu

anda

el/ea

dia / dia / ia

noi

kita

voi

anda

ea

mereka

cine?

siapa?

ce?

apa?

cum?

bagaimana?

unde?

di mana?

când?

bila?

nume

nama

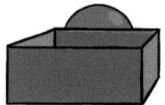

în spate
....
belakang

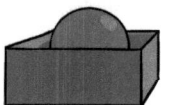

în
....
dalam

înainte
....
di hadapan

peste
....
lebih

pe
....
pada

sub
....
di bawah

lângă
....
bersebelahan

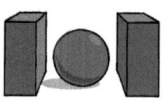

între
....
antara

loc
....
tempat